PIANO / VOCAL / GUITAR

ROCK BALLADS

ISBN-13: 978-0-7935-3317-6
ISBN-10: 0-7935-3317-1

HAL•LEONARD®
CORPORATION
7777 W. BLUEMOUND RD. P.O. BOX 13819 MILWAUKEE, WI 53213

Visit Hal Leonard Online at
www.halleonard.com

CONTENTS

BEHIND BLUE EYES

Words and Music by
PETE TOWNSHEND

BRINGIN' ON THE HEARTBREAK

Words and Music by JOE ELLIOTT,
RICHARD SAVAGE, RICHARD ALLEN,
STEVE CLARK and PETER WILLIS

DON'T KNOW WHAT YOU GOT
(Till It's Gone)

Words and Music by
TOM KEIFER

EVERY ROSE HAS ITS THORN

Words and Music by BOBBY DALL,
BRETT MICHAELS, BRUCE JOHANNESSON
and RIKKI ROCKETT

THE FLAME

Words and Music by NICK GRAHAM
and BOB MITCHELL

I will be ___ the flame. ___

D.S. al Coda

FREE BIRD

Words and Music by ALLEN COLLINS
and RONNIE VAN ZANT

GOODBYE YELLOW BRICK ROAD

Words and Music by ELTON JOHN
and BERNIE TAUPIN

toad.

Oh, I've fin - 'ly de - cid - ed my

fu - ture lies be - yond the yel - low brick road ___

Ah ___

Ah ___

HARD HABIT TO BREAK

Words and Music by STEPHEN KIPNER
and JOHN LEWIS PARKER

HAVE I TOLD YOU LATELY

Words and Music by
VAN MORRISON

Have I told ___ you late - ly that I love you? Have I

told you there's no one else ___ a - bove ___ you?

Fill my heart ___ with glad - ness, take a - way all ___ my sad - ness,

ease my trou-bles, that's __ what you do. For the Instrumental solo

morn - in' sun in all __ its glo-ry greets the

day with hope and com - fort, too. ___

You fill my life with laugh - ter and some-how you make it bet - ter,

HEAVEN

Words and Music by BRYAN ADAMS
and JIM VALLANCE

HEY JUDE

Words and Music by JOHN LENNON
and PAUL McCARTNEY

Hey Jude,_____ don't make it bad; take a
don't make it bad; take a

sad song_____ and make it bet- ter. _____ Re-
sad song_____ and make it bet- ter. _____ Re-

mem- ber to let her in - to your heart; then you can start
mem- ber to let her un - der your skin, then you be- gin

I WANT TO KNOW WHAT LOVE IS

Words and Music by
MICK JONES

I'LL BE THERE FOR YOU

Words and Music by JON BON JOVI
and RICHIE SAMBORA

LET IT BE

Words and Music by JOHN LENNON
and PAUL McCARTNEY

When I find my-self __ in times of trou-ble

Instrumental

Moth-er Mar - y comes to me speak-ing words of wis - dom; let it be. _____ And in my hour of dark - ness, she is

IMAGINE

Words and Music by
JOHN LENNON

Slowly

I-mag-ine there's no heav-en.

It's eas-y if you try. No hell be-low us,

a-bove us on-ly sky.

KEEP ON LOVING YOU

Words and Music by
KEVIN CRONIN

LADY

Words and Music by
DENNIS DeYOUNG

Moderately fast

La - dy, when you're with me I'm smil - ing; _____

_____ give _____ me all _____ your _____ love. _____

MORE THAN WORDS

Words and Music by NUNO BETTENCOURT
and GARY CHERONE

* Recorded a half step lower.

NOVEMBER RAIN

Words and Music by
W. AXL ROSE

Recorded a half step lower.

And when your fears __ sub - side __

__ and shad - ows still __ re - main, __

ONE MORE NIGHT

Words and Music by
PHIL COLLINS

One more night, ___

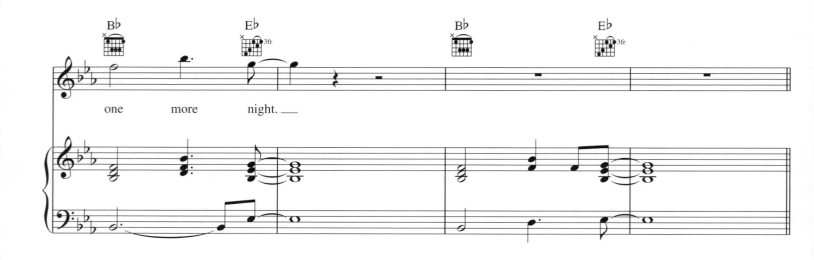

one more night. ___

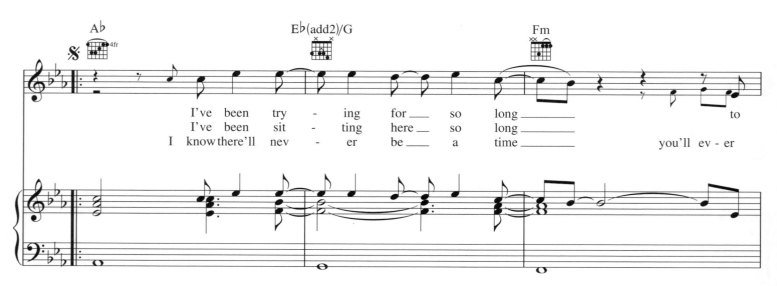

I've been try - ing for ___ so long ___ to

I've been sit - ting here ___ so long ___

I know there'll nev - er be ___ a time ___ you'll ev - er

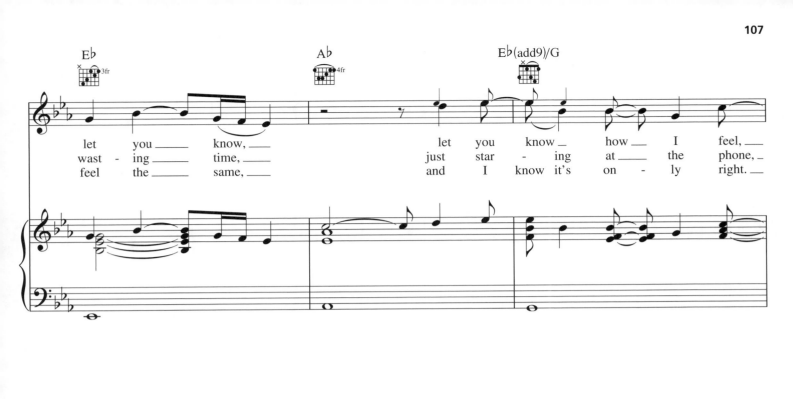

let you _____ know, _____   let you know _____ how _____ I feel, _____
wast - ing _____ time, _____   just star - ing at _____ the phone, _____
feel the _____ same, _____   and I know it's on - ly right. _____

_____ and if I stum - ble, if I fall, _____
_____ and I was won - d'ring should I call _____
But if you'll change _ your mind, _____

_____
_____ you?   just help me _____ back, _____   so I can
you know that I'll _____ be here, _____   may - be you're
Then I _____ thought _   and may - be we

make you see. ____
not a - lone. ____
both can learn. ____

Please, __ give me one more night, __
Please, __ give me one more night, __
Give __ me just one more night, __

____
____ give me just
____ give me just

give me one more night, ___
one more night, ___
one more night, ___

one more night __
one more night __
one more night __

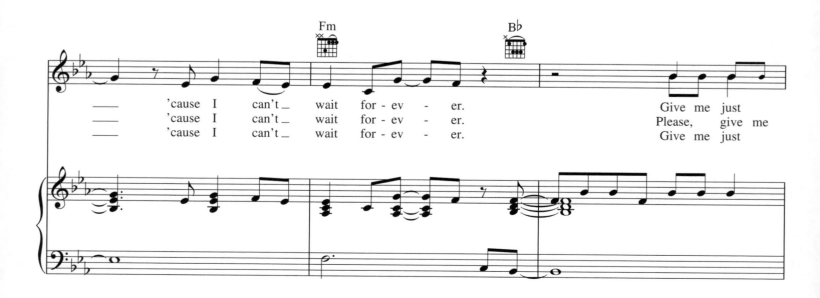

____ 'cause I can't __ wait for - ev - er.
____ 'cause I can't __ wait for - ev - er.
____ 'cause I can't __ wait for - ev - er.

Give me just
Please, give me
Give me just

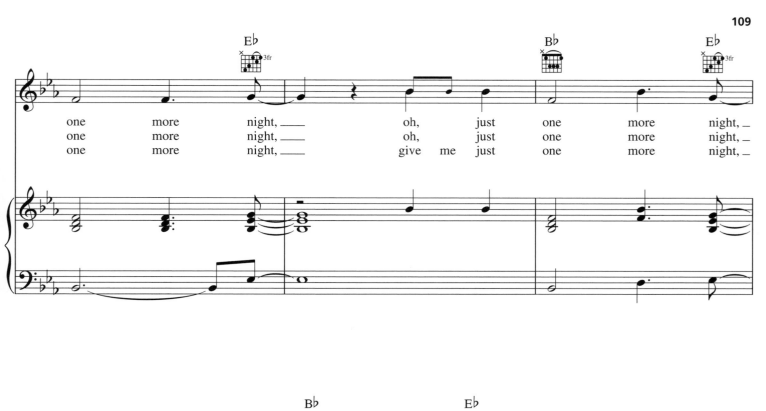

one more night, _____ oh, just one more night, _
one more night, _____ oh, just one more night, _
one more night, _____ give me just one more night, _

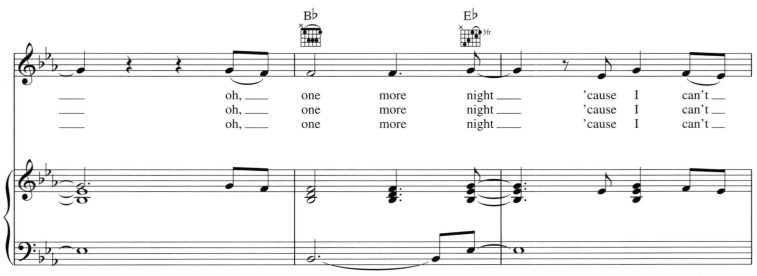

_____ oh, _____ one more night _____ 'cause I can't _____
_____ oh, _____ one more night _____ 'cause I can't _____
_____ oh, _____ one more night _____ 'cause I can't _____

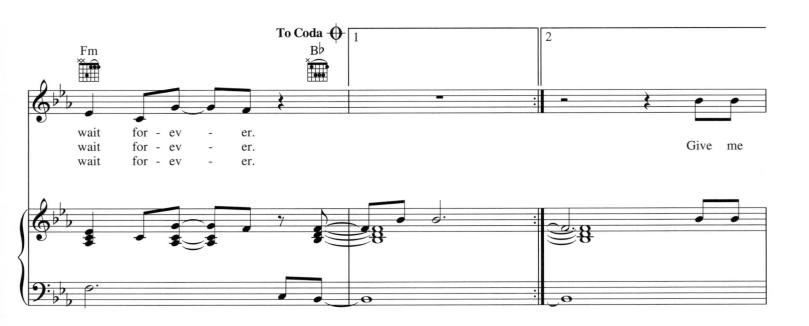

wait for - ev - er.
wait for - ev - er.
wait for - ev - er.

Give me

OPEN ARMS

Words and Music by STEVE PERRY
and JONATHAN CAIN

Ly-ing be-side you, here in the dark, feel-ing your heart beat with
Liv-ing with-out you, liv-ing a-lone, this emp-ty house seems so

mine. Soft-ly you whis-per; you're so sin-
cold. Want-ing to hold you, want-ing you

SARA

Words and Music by
STEVIE NICKS

Wait a min-ute, ba - by.

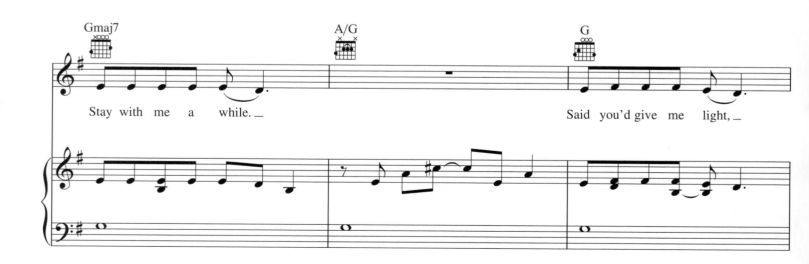

Stay with me a while. _

Said you'd give me light, _

but you nev - er told _____ me 'bout the fire. _____

Repeat and Fade

THESE DREAMS

Words and Music by MARTIN GEORGE PAGE
and BERNIE TAUPIN

TO BE WITH YOU

Words and Music by ERIC MARTIN
and DAVID GRAHAME

Why be a - lone __ when we can be to-geth - er, ba - by?

You can make __ my life __ worth - while. __ I can make __ you start to

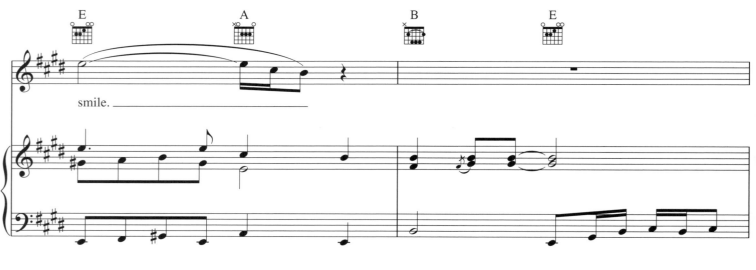

smile. _____

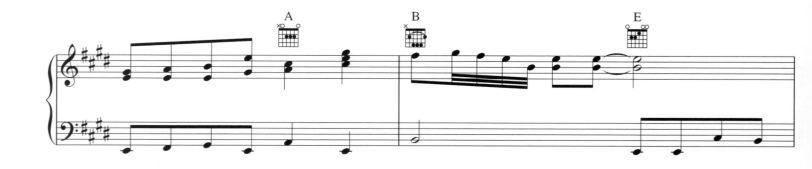

WE'VE GOT TONIGHT

Words and Music by
BOB SEGER

Deep in my soul ___ stay.

I know it's late. I know you're

wea - ry.

I know your plans don't in - clude me. Still, here we

A WHITER SHADE OF PALE

Words and Music by KEITH REID
and GARY BROOKER

We skipped the light _____ fan - dan - go, _____
She said, "I'm home _____ on shore leave," _____
She said, "There is _____ no rea - son, _____

SISTER CHRISTIAN

Words and Music by
KELLY KEAGY

Moderate Rock

Sis - ter Chris - tian, oh, the time has come. _ And you know that you're _ the
Babe, you know you're grow - ing up so fast. _ And mom - ma's wor - ry - ing _ that

on - ly one _ to say _____ O. K. _____
you won't last to say _____ Let's play. _____

YOUR SONG

Words and Music by ELTON JOHN
and BERNIE TAUPIN

WONDERFUL TONIGHT

Words and Music by
ERIC CLAPTON

It's late in the eve - ning; she's won - d'ring what clothes
We go to a par - ty, and ev - 'ry - one turns
It's time to go home now, and I've got an ach -

— to wear. —
— to see
- ing head. —

She puts on her make - up
this beau - ti - ful la - dy
So I give her the car keys,

and brush - es her long blonde hair. —
is walk - ing a - round with me. —
and she helps me to bed. —

And then she asks —
And then she asks —
And then I tell —